The Fisherman and Other Stories: Bilingual Swedish-English Short Stories for Swedish Language Learners

Coledown Bilingual Books

Published by Coledown Bilingual Books, 2023.

While every precaution has been taken in the preparation of this book, the publisher assumes no responsibility for errors or omissions, or for damages resulting from the use of the information contained herein.

THE FISHERMAN AND OTHER STORIES: BILINGUAL SWEDISH-ENGLISH SHORT STORIES FOR SWEDISH LANGUAGE LEARNERS

First edition. September 22, 2023.

Copyright © 2023 Coledown Bilingual Books.

ISBN: 979-8223373001

Written by Coledown Bilingual Books.

Table of Contents

Den Förlorade Hemligheten av Skuggan

Långt bortom skogens tysta träd och de dunkla bergen låg en sömnig by som kallades Mörkstaden. Det var en plats där skuggor verkade längre och nätterna var mörkare än någon annanstans. Människorna i Mörkstaden hade alltid varit omgivna av mystik och en känsla av undran. Det var som om byn var en magnet för hemligheter och mysterier.

I centrum av Mörkstaden stod ett förfallet slott, som en gång hade varit hemvist åt en mäktig adelsfamilj. Nu var slottet bara en skugga av sin forna glans, med spruckna stenväggar och övervuxna trädgårdar. De flesta människor undvek det som pesten, övertygade om att det var förbannat.

Men en ung kvinna vid namn Elara var annorlunda. Hon hade alltid känt sig lockad av slottet och dess hemlighetsfulla aura. Elara var inte som de andra byborna; hon var törstig efter äventyr och ivrig att lösa gåtor. Hennes glödande ögon och oförtröttliga nyfikenhet drev henne att utforska slottet.

En kylig höstdag beslutade Elara att hon hade väntat tillräckligt länge. Hon klädde sig i en gammal, nött utstyrsel och gick mot slottet. Med hjälp av en rostig grindnyckel kom hon in i slottets skumma interiör. Överallt låg damm och spindelväv, och ljuset från solen kämpade sig genom slitna gardiner.

I sitt sökande genom slottet upptäckte Elara en dold trappa som ledde ner till en mörk källare. Hon tände sin fackla och fortsatte nerför de gamla stentrapporna. Ljudet av hennes egna steg ekade mot murarna, och hennes hjärta bultade av spänning. Vad kunde hon hitta här nere?

När Elara kom ner i källaren, såg hon en gammal bokhylla täckt av lager av damm. På hyllan fanns en bok med en läderbindning och gulnade sidor. Det var en bok som hade varit gömd i generationer. Elara blåste bort dammet och öppnade boken försiktigt.

Boken var fylld med gamla skrivna texter och illustrationer, och hon insåg snart att den innehöll ledtrådar om byns förflutna. Det var som om boken talade till henne genom tid och rum och avslöjade de långa bevarade hemligheterna i Mörkstaden.

Elara läste om en gammal legend som berättade om en skatt som hade gömts bort av byns grundare för flera århundraden sedan. Skatten var en magisk juvel som sägs kunna uppfylla hjärtans innersta önskningar. Men för att hitta skatten skulle en utvald person behöva lösa en serie gåtor och övervinna faror som lurade i skuggorna.

Elara insåg att hon var den utvalda. Hon måste följa ledtrådarna i boken och ta sig igenom farliga utmaningar för att återfinna den förlorade juvelen. Hennes äventyr skulle leda henne genom undangömda tunnlar, övergivna skogar och mystiska sjöar.

Under sitt sökande mötte Elara också en brokig grupp vänner som delade hennes önskan att hitta skatten. Det var en tuff älvkämpe, en listig trolldomsmästare och en äldre vis man med hemligheter från det förflutna. Tillsammans gick de vidare och stötte på faror som testade deras mod och vänskap.

Men tiden var knapp, för en ondskefull skugga hotade att ta kontroll över skatten och använda dess makt för mörka syften. Elara och hennes vänner insåg att de måste hitta skatten innan skuggan gjorde det och rädda Mörkstaden från en ödesdiger undergång.

Med sina hjärtan fyllda av mod och hopp fortsatte de sitt sökande efter den förlorade juvelen. De visste att de måste övervinna alla hinder och avslöja de djupaste hemligheterna i Mörkstaden för att återställa dess ära och rädda byns framtid. Och i slutändan skulle de upptäcka att det var den ljusa styrkan av deras vänskap som skulle lysa starkast i skuggans rike.

The Lost Secret of the Shadow

Far beyond the silent trees of the forest and the dark mountains lay a sleepy village called Darkville. It was a place where shadows seemed longer, and nights were darker than anywhere else. The people of Darkville had always been surrounded by mystique and a sense of wonder. It was as if the village was a magnet for secrets and mysteries.

In the center of Darkville stood a dilapidated castle, which had once been the residence of a powerful noble family. Now the castle was only a shadow of its former glory, with cracked stone walls and overgrown gardens. Most people avoided it like the plague, convinced that it was cursed.

But a young woman named Elara was different. She had always been drawn to the castle and its mysterious aura. Elara was not like the other villagers; she thirsted for adventure and was eager to solve riddles. Her glowing eyes and unwavering curiosity drove her to explore the castle.

On a chilly autumn day, Elara decided she had waited long enough. She dressed in old, worn attire and made her way to the castle. Using a rusty gate key, she entered the castle's dim interior. Dust and cobwebs were everywhere, and the sunlight struggled through tattered curtains.

In her search through the castle, Elara discovered a hidden staircase leading down to a dark basement. She lit her torch and descended the ancient stone steps. The sound of her own footsteps echoed against the walls, and her heart pounded with excitement. What could she find down here?

When Elara reached the basement, she saw an old bookshelf covered in layers of dust. On the shelf, there was a book with a leather binding and yellowed pages. It was a book that had been hidden for generations. Elara blew away the dust and opened the book carefully.

The book was filled with old written texts and illustrations, and she soon realized that it contained clues about the village's past. It was as if the book spoke to her across time and space, revealing the long-preserved secrets of Darkville.

Elara read about an ancient legend that told of a treasure hidden by the village's founders centuries ago. The treasure was a magical jewel said to grant the deepest desires of the heart. But to find the treasure, a chosen one would have to solve a series of riddles and overcome dangers lurking in the shadows.

Elara realized that she was the chosen one. She must follow the clues in the book and face dangerous challenges to retrieve the lost jewel. Her adventure would take her through hidden tunnels, abandoned forests, and mysterious lakes.

During her quest, Elara also met a diverse group of friends who shared her desire to find the treasure. There was a tough elven warrior, a cunning wizard, and an elderly wise man with secrets from the past. Together, they moved forward and encountered dangers that tested their courage and friendship.

But time was running out, for a malevolent shadow threatened to seize the treasure and use its power for dark purposes. Elara and her friends realized that they must find the treasure before the shadow did and save Darkville from a dire fate.

With their hearts filled with courage and hope, they continued their search for the lost jewel. They knew they had to overcome all obstacles and uncover the deepest secrets of Darkville to restore its honor and save the village's future. And in the end, they would discover that it was the bright strength of their friendship that would shine the brightest in the realm of shadows.

Den Magiska Skogens Hemlighet

———

I den djupa, förtrollade skogen låg en dold hemlighet som väntade på att avslöjas. Skogen var täckt av ett tätt tak av gröna löv, och solens strålar trängde bara genom trädens kronor på de mest förunderliga ställena. Det var en plats där tiden tycktes sakta ner, och varje susning av vinden hade en egen historia att berätta.

Mitt i skogen bodde en ung flicka vid namn Linnea. Hon var känd i byn för sin orubbliga nyfikenhet och sitt kärleksfulla hjärta. Linnea hade alltid varit fängslad av skogen och var övertygad om att den bar på en mystisk hemlighet som bara väntade på att upptäckas.

En solig morgon, när fåglarna sjöng sina melodier, bestämde sig Linnea för att följa sin hjärta och utforska skogen på djupet. Hon packade en liten korg med frukt och nötter och begav sig in bland träden. Skogens lugnande susning omfamnade henne när hon steg längre in i den förtrollade skogen.

Efter några timmars vandring stötte Linnea på en ovanlig sten. Den var täckt av mossa och lyste svagt i ett skimmer av blått och grönt. När Linnea närmade sig stenen, kände hon en märklig kyla som om stenen hade ett eget hjärta som slog.

Linnea lutade sig försiktigt ner och rörde vid stenen. Plötsligt sändes en skimmer av magi genom hennes fingrar, och hon drogs in i en virvelvind av ljus och färger. När virvelvinden avtog, befann hon sig inte längre i skogen hon kände. Istället var hon omgiven av träd med silverblad och blommor som lyste som stjärnor.

Detta var en helt ny värld, och Linnea kände sig som om hon hade stigit in i en saga. Hon kunde inte låta bli att utforska denna magiska plats. Med varje steg hon tog mötte hon varelser som var lika förvånande som skogen själv – älvor som dansade i ljuset från stjärnorna och talade med de djupa flodernas suskningar.

Efter en tid kom Linnea till en glänsande sjö som reflekterade himlen som en spegel. På sjöns botten såg hon en skattkista som var täckt av vattenväxter och skimmrande stenar. Med försiktiga händer öppnade Linnea skattkistan och fann en glittrande juvel som strålade i alla regnbågens färger. Det var den mest vackra och magiska juvel hon någonsin hade sett.

Linnea visste att denna juvel var den hemlighet som skogen hade hållit bevarad. Den innehöll kraften att uppfylla ens innersta önskningar. Men hon insåg att hon inte skulle behålla den för sig själv. Istället bestämde hon sig för att ta med sig juvelen tillbaka till sin egen värld och dela dess magi med andra.

Med juvelen i sin hand återvände Linnea genom den magiska virvelvinden till sin egen skog. Hon visste att hon hade upptäckt något helt unikt och skulle alltid minnas den magiska skogen och dess hemlighet.

Linnea delade juvelens kraft med byn och använde den för att göra världen en bättre plats. Hon insåg att den sanna skatten inte låg i att äga något magiskt, utan i att dela dess magi med andra och skapa en bättre värld för alla. Och så fortsatte hennes liv i harmoni med skogen, där tiden aldrig gick i brådska, och varje dag var en ny möjlighet att upptäcka äventyr och kärlekens kraft.

The Secret of the Enchanted Forest

In the deep, enchanted forest lay a hidden secret waiting to be revealed. The forest was covered by a dense canopy of green leaves, and the sun's rays only pierced through the trees' canopies in the most wondrous places. It was a place where time seemed to slow down, and every rustle of the wind had its own story to tell.

In the midst of the forest lived a young girl named Linnea. She was known in the village for her unwavering curiosity and her loving heart. Linnea had always been captivated by the forest and was convinced that it held a mysterious secret just waiting to be discovered.

One sunny morning, as the birds sang their melodies, Linnea decided to follow her heart and explore the forest in depth. She packed a small basket with fruits and nuts and ventured into the woods. The soothing rustling of the forest embraced her as she ventured deeper into the enchanted forest.

After a few hours of hiking, Linnea came across an unusual stone. It was covered in moss and glowed faintly in a shimmer of blue and green. As Linnea approached the stone, she felt a strange chill, as if the stone had a heart of its own that beat.

Linnea leaned down gently and touched the stone. Suddenly, a shimmer of magic passed through her fingers, and she was drawn into a whirlwind of light and colors. When the whirlwind subsided, she was no longer in the familiar forest. Instead, she was surrounded by trees with silver leaves and flowers that shone like stars.

This was an entirely new world, and Linnea felt as if she had stepped into a fairy tale. She couldn't resist exploring this magical place. With every step she took, she encountered creatures as astonishing as the forest itself – fairies who danced in the light of the stars and spoke with the murmurs of deep rivers.

After a while, Linnea reached a sparkling lake that reflected the sky like a mirror. On the lake's bottom, she saw a treasure chest covered in water plants and glistening stones. With careful hands, Linnea opened the treasure chest and found a sparkling jewel that radiated all the colors of the rainbow. It was the most beautiful and magical jewel she had ever seen.

Linnea knew that this jewel was the secret that the forest had kept preserved. It held the power to grant one's deepest desires. But she realized that she wouldn't keep it for herself. Instead, she decided to take the jewel back to her own world and share its magic with others.

With the jewel in her hand, Linnea returned through the magical whirlwind to her own forest. She knew that she had discovered something truly unique and would always remember the enchanted forest and its secret.

Linnea shared the jewel's power with the village and used it to make the world a better place. She realized that the true treasure lay not in owning something magical but in sharing its magic with others and creating a better world for all. And so, her life continued in harmony with the forest, where time never rushed, and every day was a new opportunity to discover adventure and the power of love.

Mysteriet på Domkyrkoplan

I Uppsala, en stad där historia möter nutid, levde det en detektiv vid namn Erik Lundgren. Han var känd i staden för sin förmåga att lösa de mest invecklade mysterierna och hans outtröttliga hängivenhet till sanningen. Erik hade en särskild förkärlek för Uppsala och dess fascinerande historia.

En kylig höstdag, med bladen som virvlade runt Domkyrkoplan, fick Erik ett telefonsamtal som skulle leda honom in i en djungel av gåtor. På andra sidan linjen hörde han en förtvivlad röst. Det var professor Lars Andersson från Uppsala universitet. Professorn hade gjort en ovärderlig upptäckt i Domkyrkan, en hemlighet som hotades av att bli stulen.

Erik skyndade sig till Domkyrkan, en majestätisk byggnad med sina höga spiror och stenvalv. Han mötte professorn i Domkyrkans församlingshus, där den äldre mannen var blek och skälvde av oro. Professorn berättade om en gammal bok som han hade hittat under renoveringsarbeten i Domkyrkan. Boken innehöll en karta som ledde till en förlorad skatt med anor från Gustav Vasa-eran.

Det som gjorde saken ännu mer komplicerad var att professorn hade blivit kontaktad av en mystisk organisation som hotade honom till att överlämna boken och karten. De hotade med att förstöra Uppsala universitets rykte om han inte lydde deras påbud.

Erik insåg att han stod inför ett mysterium som krävde hans skarpaste detektivarbete. Han tog boken och kartan i sin vård och lovade professorn att skydda både skatten och universitetets ära. Hans första steg var att granska kartan noggrant.

Kartan var gammal och delvis skadad av tidens tand, men den visade tydligt på en dold plats i de djupa skogarna i närheten av Uppsala. Erik tog med sig kartan och började sin resa, som skulle leda honom till hemliga grottor och gömda skatter.

Under sin resa upptäckte Erik ledtrådar och löste gåtor som hade gömts i århundraden. Han mötte också människor som var villiga att hjälpa honom i hans sökande efter skatten. Det visade sig att skatten var en samling värdefulla historiska dokument och artefakter som hade gömts bort för att bevara en viktig del av Sveriges historia.

Men hotet från den mystiska organisationen följde Erik och höll honom ständigt på sin vakt. Han var tvungen att använda all sin skicklighet och list för att undvika deras fällor och avslöja deras hemliga agenda.

Till sist, efter många farliga äventyr och knepiga ledtrådar, lyckades Erik återvända till Uppsala med skatten och avslöja organisationens onda planer. Skatten skulle nu bli en del av Uppsala universitets samlingar och bevara stadens och landets historia för framtida generationer.

Erik Lundgren hade återigen visat sig vara Uppsalas mest pålitliga och skickliga detektiv. Han hade bevarat stadens arv och avslöjat ett av de mest spännande mysterierna i Uppsalas historia. Under sin tid som detektiv skulle han fortsätta att skydda staden

och dess hemligheter med sitt skarpa sinne och sin oföränderliga
tro på sanningen.

The Mystery on Domkyrkoplan

In Uppsala, a city where history meets the present, lived a detective named Erik Lundgren. He was known in the city for his ability to solve the most intricate mysteries and his unwavering dedication to the truth. Erik had a special fondness for Uppsala and its fascinating history.

On a chilly autumn day, with leaves swirling around Domkyrkoplan, Erik received a phone call that would lead him into a maze of riddles. On the other end of the line, he heard a distressed voice. It was Professor Lars Andersson from Uppsala University. The professor had made a priceless discovery in the Cathedral, a secret threatened to be stolen.

Erik hurried to the Cathedral, a majestic building with its tall spires and stone arches. He met the professor in the Cathedral's parish house, where the elderly man was pale and trembling with worry. The professor told him about an old book he had found during renovation work in the Cathedral. The book contained a map leading to a lost treasure dating back to the Gustav Vasa era.

What made matters even more complicated was that the professor had been contacted by a mysterious organization that threatened him to hand over the book and the map. They threatened to tarnish Uppsala University's reputation if he did not obey their commands.

Erik realized he was facing a mystery that required his sharpest detective work. He took custody of the book and the map, promising the professor to protect both the treasure and the university's honor. His first step was to scrutinize the map carefully.

The map was old and partly damaged by the ravages of time, but it clearly indicated a hidden location in the deep forests near Uppsala. Erik took the map and embarked on his journey, which would lead him to secret caves and hidden treasures.

During his journey, Erik discovered clues and solved riddles that had been hidden for centuries. He also met people willing to help him in his quest for the treasure. It turned out that the treasure consisted of valuable historical documents and artifacts that had been concealed to preserve an important part of Sweden's history.

However, the threat from the mysterious organization followed Erik and kept him constantly on guard. He had to use all his skill and cunning to avoid their traps and expose their secret agenda.

At last, after many perilous adventures and tricky clues, Erik managed to return to Uppsala with the treasure and uncover the organization's evil plans. The treasure would now become part of Uppsala University's collections and preserve the city's and the country's history for future generations.

Erik Lundgren had once again proven himself to be Uppsala's most reliable and skillful detective. He had preserved the city's heritage and revealed one of the most exciting mysteries in Uppsala's history. During his time as a detective, he would continue to protect the city and its secrets with his sharp mind and unwavering belief in the truth.

Den Förlorade Drömmens Återkomst

I en pittoresk by som låg långt borta från storstadens brus, bodde en ung kvinna vid namn Sofia. Hon var en drömmare, en person som alltid levde med huvudet i molnen och hjärtat fyllt av fantasier. I byn kallade de henne "Sofia Drömmaren."

Sofia hade alltid haft en speciell gåva. Hon kunde drömma mycket levande drömmar, drömmar som ibland verkade bli verkliga. Det var som om hennes själ var förankrad i en annan värld när hon sov, och hon tog med sig minnen från sina drömmar när hon vaknade.

En mörk natt, när månen kastade sitt bleka sken över byn, hade Sofia en dröm som skulle förändra allt. I drömmen visade sig en vis man i en lång, skogsgrön mantel och sade till henne att hennes gåva var en nyckel till att hitta den förlorade drömmens rike.

Förvirrad och nyfiken på vad drömmen betydde, började Sofia utforska byn och dess omgivningar i jakt på svar. Hon pratade med de äldre i byn och letade i gamla böcker om drömmar och mysterier. Ingen hade någonsin hört talas om den förlorade drömmens rike.

Sofia gav inte upp. Hon började meditera och öva drömmning för att försöka kontrollera sina drömmar. Nätterna blev fyllda av äventyr när hon reste genom drömmarnas land och träffade märkliga varelser, som pratande djur och levande träd.

Efter månader av intensiv sökning fick Sofia äntligen ett genombrott. I en dröm mötte hon en skuggig gestalt som förde henne till en hemlig portal. Portalen tog henne till den förlorade drömmens rike, en plats av oändlig skönhet och magi.

Där mötte hon själar som hade glömt sina drömmar och längtade efter att hitta tillbaka till dem. Sofia insåg att hennes uppgift var att hjälpa dem att återupptäcka sina drömmar och leva i harmoni med den förlorade drömmens rike.

Sofia spenderade månader i den förlorade drömmens rike och hjälpte själar att hitta sina drömmar igen. Hon såg hur deras ögon lyste upp av glädje när de återfann sin livs glöd. I processen upptäckte hon också att hennes egen gåva hade blivit ännu starkare och att hon kunde göra mirakler i drömmarnas land.

Tillbaka i sin egen by blev Sofia en inspirationskälla för andra drömmare. Hon delade med sig av sina upplevelser och uppmuntrade dem att följa sina drömmar. Tillsammans skapade de ett samhälle som värderade fantasin och trodde på kraften i drömmar.

Sofia Drömmaren hade hittat sin plats i världen, och i hennes by levde de inte längre i skuggan av glömda drömmar. Istället omfamnade de sina drömmar med hjärtat öppet och sinnena vidöppna, och de visste att även de förlorade drömmarna hade en plats att återvända till om de vågade tro.

Så fortsatte Sofia och hennes by att leva sina liv fyllda av drömmar och fantasi, med hopp om att den förlorade drömmens rike alltid skulle vara där, tillgängligt för dem som vågade drömma stort och tro på magin som fanns i deras hjärtan.

The Return of the Lost Dream

In a picturesque village far away from the hustle and bustle of the city lived a young woman named Sofia. She was a dreamer, someone who always lived with her head in the clouds and her heart filled with fantasies. In the village, they called her "Sofia the Dreamer."

Sofia had always had a special gift. She could dream very vivid dreams, dreams that sometimes seemed to come true. It was as if her soul was anchored in another world when she slept, and she carried memories from her dreams when she woke up.

One dark night, as the moon cast its pale light over the village, Sofia had a dream that would change everything. In the dream, a wise man in a long, forest-green cloak appeared and told her that her gift was a key to finding the lost dream realm.

Confused and curious about what the dream meant, Sofia began to explore the village and its surroundings in search of answers. She talked to the elders in the village and searched through old books about dreams and mysteries. No one had ever heard of the lost dream realm.

Sofia didn't give up. She started meditating and practicing dream control to try to harness her dreams. Nights became filled with adventures as she traveled through the land of dreams and met strange creatures, like talking animals and living trees.

After months of intense searching, Sofia finally had a breakthrough. In a dream, she encountered a shadowy figure who led her to a secret portal. The portal took her to the lost dream realm, a place of infinite beauty and magic.

There, she met souls who had forgotten their dreams and longed to rediscover them. Sofia realized that her mission was to help them reclaim their dreams and live in harmony with the lost dream realm.

Sofia spent months in the lost dream realm, assisting souls in rediscovering their dreams. She saw their eyes light up with joy as they regained their life's spark. In the process, she also discovered that her own gift had become even stronger, and she could perform miracles in the land of dreams.

Back in her own village, Sofia became a source of inspiration for other dreamers. She shared her experiences and encouraged them to follow their dreams. Together, they created a community that valued imagination and believed in the power of dreams.

Sofia the Dreamer had found her place in the world, and in her village, they no longer lived in the shadow of forgotten dreams. Instead, they embraced their dreams with open hearts and open minds, knowing that even lost dreams had a place to return to if they dared to believe.

So, Sofia and her village continued to live their lives filled with dreams and imagination, with the hope that the lost dream realm would always be there, accessible to those who dared to dream big and believe in the magic that resided in their hearts.

Doften av Drömmar

I hjärtat av den pittoreska staden Falun låg en gammal och charmig bagarstuga. Bagaren, en vänlig man vid namn Henrik, hade ägt stället i generationer och ansågs av många vara den bästa bagaren i hela staden.

Varje morgon, när solens första strålar smekte Faluns gamla hus, tände Henrik upp ugnen i bagarstugan. Doften av nybakat bröd och kanelbullar spred sig snabbt genom gatorna och lockade fram leenden på människors läppar.

Bagarstugan var inte bara en plats för att köpa bröd och bakverk, det var också ett socialt samlingsställe för människor i staden. Människor kom dit för att prata om sina liv, drömmar och bekymmer medan de njöt av en kopp rykande färskt kaffe och en nyligen bakad bulle.

En solig dag i början av sommaren kom en ung kvinna vid namn Emma in i bagarstugan. Hon var en nyinflyttad konstnär som hade letat efter inspiration i Falun. Doften av bakverken som fyllde luften tog genast henne tillbaka till barndomen och de bakade bröden hemma i mammas kök.

Henrik, med sitt vänliga leende och ett glimt i ögat, tog emot Emma. Hon beställde en kopp kaffe och en kanelbulle, precis som hon gjort när hon var liten. Sedan satt hon ner vid ett av borden och började teckna i sin skissbok.

Medan Emma försjönk i sina skisser och kaffekoppen blev tom, började Henrik att berätta om bagarstugans historia. Han berättade om hur hans farfar hade öppnat stället för över sjuttio år sedan och hur han hade fört traditionen vidare från generation till generation.

Det var något med Henriks berättelse som rörde vid Emmas hjärta. Hon insåg att hon hade hittat sin inspirationskälla i bagarstugan och i Henriks passion för sitt hantverk. Hon började skissa på en idé till en konstverk som skulle fira både bagarstugan och staden Falun.

Så småningom blev Emma en återkommande gäst i bagarstugan, och hon och Henrik utvecklade en stark vänskap. Tillsammans skapade de konstverket som skulle komma att hänga i bagarstugan som en symbol för gemenskap och passion.

En solig dag invigde de konstverket med en fest i bagarstugan. Människor från hela staden kom för att fira, och det blev en dag fylld av skratt, musik och, självklart, massor av bakverk.

Bagarstugan i Falun hade alltid varit mer än bara en plats att köpa bröd och kaffe. Det var en plats där människor kunde drömma, skapa och dela sina livshistorier. Och i bagarstugans hjärta fanns Henrik och Emma, två själar vars passion för sitt hantverk hade förenat dem och skapat något vackert som skulle leva vidare i staden i generationer framöver.

The Scent of Dreams

In the heart of the picturesque town of Falun stood an old and charming bakery. The baker, a friendly man named Henrik, had owned the place for generations and was considered by many to be the best baker in the entire town.

Every morning, when the first rays of the sun gently touched Falun's old houses, Henrik lit the oven in the bakery. The scent of freshly baked bread and cinnamon buns quickly spread through the streets, bringing smiles to people's faces.

The bakery was not just a place to buy bread and pastries; it was also a social gathering spot for people in the town. People came there to talk about their lives, dreams, and worries while enjoying a cup of freshly brewed coffee and a recently baked bun.

One sunny day at the beginning of summer, a young woman named Emma walked into the bakery. She was a newcomer, an artist who had been searching for inspiration in Falun. The scent of the pastries in the air immediately transported her back to her childhood and the baked goods in her mother's kitchen.

With his friendly smile and a twinkle in his eye, Henrik welcomed Emma. She ordered a cup of coffee and a cinnamon bun, just as she used to do when she was a child. Then she sat down at one of the tables and started sketching in her notebook.

As Emma immersed herself in her sketches and her coffee cup emptied, Henrik began to tell her about the history of the bakery. He talked about how his grandfather had opened the place over seventy years ago and how he had passed down the tradition from generation to generation.

There was something about Henrik's story that touched Emma's heart. She realized that she had found her source of inspiration in the bakery and in Henrik's passion for his craft. She started sketching an idea for an artwork that would celebrate both the bakery and the town of Falun.

Eventually, Emma became a regular guest in the bakery, and she and Henrik developed a strong friendship. Together, they created the artwork that would hang in the bakery as a symbol of community and passion.

On a sunny day, they inaugurated the artwork with a celebration in the bakery. People from all over the town came to join the festivities, and it became a day filled with laughter, music, and, of course, plenty of pastries.

The bakery in Falun had always been more than just a place to buy bread and coffee. It was a place where people could dream, create, and share their life stories. And at the heart of the bakery were Henrik and Emma, two souls whose passion for their craft had brought them together and created something beautiful that would live on in the town for generations to come.

Mamsell Graciosa och Hemligheten i Gästgiveriet

I den lilla byn Blydskogen låg ett charmigt gästgiveri med vita träfasader och gröna fönsterluckor. Gästgiveriet var en fridfull plats där tidens takt var långsam och människor hälsade på varandra med värme och leenden.

Mamsell Graciosa var byns mest älskade person. Hon hade alltid ett glatt leende på läpparna och bar med sig en aura av godhet. Graciosa ägde och drev gästgiveriet och var känd för sina läckra bakverk och goda råd till byns invånare.

En dag när solen strålade från en klarblå himmel och luften fylldes av fågelsång, besökte en ung man vid namn Viktor gästgiveriet. Han var en främling i Blydskogen och hade hört om Mamsell Graciosas legendariska äppelkaka som enligt rykten skulle vara den bästa i hela Sverige.

När Viktor klev in i gästgiveriet, välkomnades han med öppna armar av Graciosa själv. Hon lade fram en färsk äppelkaka med en nypa kanel och en kopp nybryggt te åt honom. Viktor var överväldigad av kakan, som smälte i munnen och fyllde hans själ med värme.

Under kakan började Viktor prata med Graciosa och de andra gästerna. Han berättade om sina resor runt om i världen och sina äventyr i avlägsna länder. Graciosa lyssnade uppmärksamt och delade några av sina egna livshistorier.

Men bakom det glada ansiktet och de skrattande ögonen bar Graciosa på en hemlighet. Det var en hemlighet som hade följt henne ända från hennes barndom, en hemlighet som hon hade lovat att aldrig avslöja för någon.

När kvällen föll över gästgiveriet och stjärnorna tändes på himlen, kände Viktor att det fanns något mer bakom Graciosas vänliga fasad. Han bestämde sig för att försöka lösa gåtan och upptäcka hemligheten som dolde sig bakom hennes leende.

Viktor spenderade dagar och nätter med att prata med byns invånare och gräva i arkiven för att finna ledtrådar till Graciosas hemlighet. Han insåg att det fanns mycket mer i den lilla byn Blydskogen än vad som mötte ögat, och hemligheter som hade värmts av elden i gästgiveriets öppna spis i generationer.

Till sist, efter mycket detektivarbete och med hjälp av byns vänliga människor, avslöjade Viktor Graciosas hemlighet. Det var en hemlighet som hade att göra med en förlorad kärlek och ett löfte som hade hållits i över ett halvt sekel.

När Viktor berättade för Graciosa att han visste hemligheten, brast hon ut i tårar men kände samtidigt en lättnad. Hon visste att det var dags att dela sin berättelse med någon som hade lyssnat med ett öppet hjärta och en vilja att förstå.

Så delade Mamsell Graciosa sin hemlighet med Viktor och lät honom komma närmare än någon annan hade gjort på många år. Det var en stund av sorg och frigörelse, men också av förlåtelse och helande.

I Blydskogens gästgiveri, där tiden stod stilla och hjärtan möttes med öppenhet, hade en främling och en kvinna med en hemlighet funnit varandra och funnit tröst och vänskap. Och i byn fortsatte livet i harmoni, med kärlek, äppelkakor och berättelser som flödade fritt.

Miss Graciosa and the Secret of the Inn

In the small village of Blydskogen, there stood a charming inn with white wooden facades and green window shutters. The inn was a peaceful place where time moved slowly, and people greeted each other with warmth and smiles.

Miss Graciosa was the most beloved person in the village. She always wore a cheerful smile and carried an aura of kindness. Graciosa owned and ran the inn, and she was famous for her delicious pastries and wise advice to the villagers.

One day, as the sun shone from a clear blue sky and the air filled with birdsong, a young man named Viktor visited the inn. He was a stranger in Blydskogen and had heard about Miss Graciosa's legendary apple pie, rumored to be the best in all of Sweden.

As Viktor stepped into the inn, he was welcomed with open arms by Miss Graciosa herself. She served him a fresh apple pie with a sprinkle of cinnamon and a cup of freshly brewed tea. Viktor was overwhelmed by the pie, which melted in his mouth and filled his soul with warmth.

Over the pie, Viktor began to talk to Graciosa and the other guests. He shared tales of his travels around the world and his adventures in distant lands. Graciosa listened attentively and shared some of her own life stories.

But behind the cheerful face and the laughing eyes, Graciosa held a secret. It was a secret that had followed her from her childhood, a secret she had promised never to reveal to anyone.

As the evening descended upon the inn, and the stars lit up the sky, Viktor felt that there was more to Graciosa's kind facade. He decided to try to solve the mystery and uncover the secret hidden behind her smile.

Viktor spent days and nights talking to the villagers and delving into archives to find clues to Graciosa's secret. He realized that there was much more to the small village of Blydskogen than met the eye, and secrets that had been warmed by the inn's open fireplace for generations.

Finally, after much detective work and with the help of the village's friendly people, Viktor revealed Graciosa's secret. It was a secret related to a lost love and a promise that had been kept for over half a century.

When Viktor told Graciosa that he knew the secret, she burst into tears but also felt a sense of relief. She knew it was time to share her story with someone who had listened with an open heart and a willingness to understand.

So, Miss Graciosa shared her secret with Viktor, allowing him to come closer than anyone had in many years. It was a moment of sorrow and liberation but also of forgiveness and healing.

In Blydskogen's inn, where time stood still and hearts met with openness, a stranger and a woman with a secret had found each other and found solace and friendship. And in the village, life continued in harmony, with love, apple pies, and stories flowing freely.

Den Magiska Fjärilen

I en förtrollad skog någonstans i det djupa mörka Norrland levde en liten flicka vid namn Alva. Alva var en orädd och nyfiken själ som älskade att utforska skogen och dess hemligheter. Hon hade hört berättelser om den magiska fjärilen som bara visade sig för de modigaste själarna, och hon hade bestämt sig för att hitta den.

En morgon när solen kastade sitt gyllene sken över skogen och fåglarna sjöng sina vackraste sånger, bestämde sig Alva för att bege sig ut på sitt livs äventyr. Hon packade en liten väska med matsäck och sin mest älskade bok om fjärilar.

Alva vandrade djupt in i skogen, följde gamla stigar och lyssnade på de viskande vindarna som berättade om skogens hemligheter. Hon såg vackra blommor och hörde bäckens sus, men det var den magiska fjärilen hon ville se.

Dagarna gick, och Alva fortsatte sitt sökande. Hon mötte skogens djur, från harar till ekorrar, och pratade med dem om fjärilen. De berättade sagor om dess skönhet och den magi som omgav den.

En kväll när solen sänkte sig bakom trädtopparna och stjärnorna började lysa upp himlen, hörde Alva en dämpad melodi i fjärran. Hon följde ljudet tills hon kom till en glänta där en vacker kvinna satt vid ett piano. Kvinnan spelade en sång som kändes som ett hjärtslag av skogen själv.

Kvinnan, som kallades Elira, berättade att hon var skogens beskyddare och att hon hade känt Alvas önskan om att se den magiska fjärilen. Elira spelade en magisk melodi som fyllde gläntan med ljus och färg, och plötsligt dök den magiska fjärilen upp.

Fjärilen var större än Alva hade kunnat föreställa sig, och dess vingar skimrade i alla regnbågens färger. Den flög runt i gläntan och dansade i takt med musiken. Alva kände hur fjärilens magi fyllde henne med en känsla av frid och förundran.

När natten föll över skogen och fjärilen flög vidare mot stjärnorna, tackade Alva Elira för att ha uppfyllt hennes dröm. Elira log och sa att de modiga själarna alltid förtjänade att uppleva magi.

Alva återvände hem med ett hjärta fyllt av minnen och en bok som nu innehöll en ny berättelse om den magiska fjärilen. Hon visste att skogen hade fler hemligheter att avslöja, och hon var redo att utforska dem med sitt mod och sin nyfikenhet.

I skogen i det djupa mörka Norrland levde en liten flicka vid namn Alva, och hon hade upptäckt att det som är mest magiskt finns i hjärtat av dem som vågar tro och drömma.

The Magical Butterfly

In an enchanted forest somewhere in the deep, dark North of Sweden lived a little girl named Alva. Alva was a fearless and curious soul who loved to explore the forest and its secrets. She had heard stories about the magical butterfly that only revealed itself to the bravest souls, and she had decided to find it.

One morning, when the sun cast its golden glow over the forest, and the birds sang their most beautiful songs, Alva decided to embark on her life's adventure. She packed a small bag with provisions and her most beloved book about butterflies.

Alva ventured deep into the forest, following old paths and listening to the whispering winds that told of the forest's secrets. She saw beautiful flowers and heard the murmuring of the stream, but it was the magical butterfly she wanted to see.

Days passed, and Alva continued her search. She encountered the forest animals, from hares to squirrels, and talked to them about the butterfly. They told tales of its beauty and the magic that surrounded it.

One evening, as the sun dipped behind the treetops, and the stars began to light up the sky, Alva heard a soft melody in the distance. She followed the sound until she reached a clearing where a beautiful woman sat at a piano. The woman played a song that felt like a heartbeat of the forest itself.

The woman, named Elira, revealed that she was the guardian of the forest and that she had sensed Alva's desire to see the magical butterfly. Elira played a magical melody that filled the clearing with light and color, and suddenly, the magical butterfly appeared.

The butterfly was larger than Alva could have imagined, and its wings shimmered in all the colors of the rainbow. It flew around the clearing and danced to the music. Alva felt the butterfly's magic filling her with a sense of peace and wonder.

As night fell over the forest, and the butterfly flew away toward the stars, Alva thanked Elira for fulfilling her dream. Elira smiled and said that brave souls always deserved to experience magic.

Alva returned home with a heart filled with memories and a book that now contained a new story about the magical butterfly. She knew that the forest held more secrets to reveal, and she was ready to explore them with her courage and curiosity.

In the forest in the deep, dark North of Sweden lived a little girl named Alva, and she had discovered that the most magical things reside in the hearts of those who dare to believe and dream.

Luciadagen i Ljusets Namn

I den lilla byn Ljusvik i hjärtat av Sverige, där snön täckte taken som ett mjukt täcke, förberedde sig invånarna för den mest magiska dagen på året - Luciadagen. Byns gator var smyckade med ljusstakar och stjärnor, och en förväntansfull stämning låg i luften.

Luciadagen var en dag då byns barn, klädda i vita kläder och lysande stjärnor i håret, gick i luciatåg genom byn. Årets Lucia var en ung flicka vid namn Elin, med en röst som var så klar och vacker att den lät som änglars sång.

På morgonen den 13 december började Elin sitt arbete som Lucia med att väcka byns invånare. Hon gick till varje hus och sjöng vackra luciasånger medan hon bar på en bricka med nybakade lussekatter och pepparkakor. Doften av saffran spred sig och värmde hjärtat på de som öppnade sina dörrar.

På kvällen samlades byns folk i den gamla träkyrkan, där tusentals stearinljus lyste upp mörkret. Kyrkklockorna klingade mjukt när Elin och hennes tärnor tågade in med sina ljusstakar. Luciakören sjöng sånger om ljus och kärlek, och hela kyrkan fylldes av en magisk känsla.

Efter gudstjänsten samlades byborna i byns torg, där ett stort bål hade tänds. De satt runt elden, berättade historier och drack varm glögg. Barnen sprang runt och lekte med stjärnor och ljus, och den kalla vinternatten kändes plötsligt varm och inbjudande.

Men Luciadagen handlade inte bara om sånger och fester. Det var också en dag för att sprida ljus och kärlek till de som behövde det mest. Byns invånare gick från hus till hus och delade med sig av mat och gåvor till dem som var mindre lyckligt lottade.

När natten föll över Ljusvik och stjärnorna glittrade som diamanter på den snötäckta marken, visste byns folk att Luciadagen inte bara handlade om att fira ljusets återkomst i vinterns mörker. Det handlade också om att dela med sig av sitt hjärta och sprida värme och glädje till andra.

Luciadagen i Ljusvik var en dag som firades med sånger och ljus, men också med kärlek och medkänsla. Det var en dag då byn samlades i en gemenskap av hopp och glädje och bevisade att även i det mörkaste av vintermånader kan ljuset och kärleken triumfera.

Lucia Day in the Name of Light

In the small village of Ljusvik, nestled in the heart of Sweden, where the snow covered the roofs like a soft blanket, the residents were preparing for the most magical day of the year - Lucia Day. The village streets were adorned with candlesticks and stars, and an atmosphere of anticipation filled the air.

Lucia Day was a day when the village's children, dressed in white robes and shining stars in their hair, paraded through the village in a Lucia procession. This year's Lucia was a young girl named Elin, with a voice so clear and beautiful that it sounded like the song of angels.

On the morning of December 13th, Elin began her duties as Lucia by waking up the village's residents. She went to every house and sang beautiful Lucia songs while carrying a tray of freshly baked saffron buns and gingerbread cookies. The scent of saffron filled the air and warmed the hearts of those who opened their doors.

In the evening, the villagers gathered in the old wooden church, where thousands of candles illuminated the darkness. The church bells rang softly as Elin and her attendants entered with their candlesticks. The Lucia choir sang songs of light and love, and the entire church was filled with a magical feeling.

After the church service, the villagers gathered in the village square, where a large bonfire had been lit. They sat around the fire, told stories, and drank hot mulled wine. The children ran around playing with stars and candles, and the cold winter night suddenly felt warm and inviting.

But Lucia Day was not just about songs and festivities. It was also a day to spread light and love to those who needed it most. The village's residents went from house to house, sharing food and gifts with those who were less fortunate.

As night fell over Ljusvik and the stars glittered like diamonds on the snowy ground, the villagers knew that Lucia Day was not only about celebrating the return of light in the winter's darkness. It was also about sharing their hearts and spreading warmth and joy to others.

Lucia Day in Ljusvik was a day celebrated with songs and lights, but also with love and compassion. It was a day when the village came together in a community of hope and joy, proving that even in the darkest of winter months, light and love could triumph.

Det Magiska Musikantlandet

Långt bortom bergen och förbi skogarna fanns ett land som var helt olikt något annat. Det kallades för Musikantlandet. I detta underbara land levde musikanten Leo. Han var känd för sitt förmåga att spela musik som kunde få naturen själv att dansa.

En vacker morgon när solen steg upp över Musikantlandet, beslutade Leo att ge sig ut på en resa. Han ville utforska landet och träffa nya vänner. Med sin fiol och ett leende på läpparna begav han sig iväg.

Under sin resa träffade Leo de mest underbara varelser. Han mötte fåglar som sjöng med honom, blommor som dansade i takt med hans musik, och bäckar som spelade sina egna melodier. Leo insåg snart att i Musikantlandet var musik och naturen oskiljaktiga.

En dag kom Leo till en glittrande sjö där vattnet glänste som smaragder. Vid sjön satt en ensam sjöjungfru vid namn Sirena. Hon var sorgsen för att hon inte kunde hitta sin sång, den som skulle få sjön att sjunga i harmoni med henne.

Leo bestämde sig för att hjälpa Sirena. Han spelade en melodi på sin fiol som fylldes med kärlek och hopp. Sirena lyssnade och började sjunga en vacker sång som fyllde hela sjön med musik. Vattnet dansade i glädje och skapade ett spektakulärt skådespel av färger och ljus.

Sirena tackade Leo och bad honom att stanna i Musikantlandet för alltid, men Leo kände att hans resa ännu inte var över. Han lovade att återvända och spela musik i landet när han hade utforskat resten av världen.

Med ett tungt hjärta fortsatte Leo sin resa genom Musikantlandet. Han spelade sin fiol och lät musiken föra honom vidare till nya äventyr. Han visste att han alltid skulle komma tillbaka till detta magiska land och dela sin musik med dess förtrollade varelser.

Och så, medan solen sänkte sig över bergen och fåglarna sjöng farväl, fortsatte Leo sin resa genom Musikantlandet, där musik och naturen levde i fullkomlig harmoni, och där vänskap och äventyr alltid väntade runt hörnet.

The Magical Land of Musicians

Far beyond the mountains and past the forests, there was a land unlike any other. It was called the Land of Musicians. In this wonderful land lived the musician Leo. He was known for his ability to play music that could make nature itself dance.

One beautiful morning, as the sun rose over the Land of Musicians, Leo decided to embark on a journey. He wanted to explore the land and make new friends. With his violin and a smile on his lips, he set off.

During his journey, Leo encountered the most marvelous creatures. He met birds that sang along with him, flowers that danced to the rhythm of his music, and streams that played their own melodies. Leo soon realized that in the Land of Musicians, music and nature were inseparable.

One day, Leo arrived at a sparkling lake where the water shimmered like emeralds. Sitting by the lake was a lonely mermaid named Sirena. She was sad because she couldn't find her song, the one that would make the lake sing in harmony with her.

Leo decided to help Sirena. He played a melody on his violin filled with love and hope. Sirena listened and began to sing a beautiful song that filled the entire lake with music. The water danced in joy, creating a spectacular display of colors and light.

Sirena thanked Leo and asked him to stay in the Land of Musicians forever, but Leo felt that his journey was not yet over. He promised to return and play music in the land after he had explored the rest of the world.

With a heavy heart, Leo continued his journey through the Land of Musicians. He played his violin and let the music guide him to new adventures. He knew that he would always come back to this magical land and share his music with its enchanted creatures.

And so, as the sun set over the mountains and the birds bid farewell, Leo continued his journey through the Land of Musicians, where music and nature lived in perfect harmony, and where friendship and adventure always awaited around the corner.

Fiskaren

I den gamla stadsdelen Limhamn i Malmö bodde en enkel man vid namn Anders. Han var en fiskare som hade älskat havet sedan han var en liten pojke. Varje morgon innan solen steg upp, gick han till sin båt, Fiskmåsen, och seglade ut på Öresund.

Anders var känd i staden för att vara den bästa fiskaren. Han visste exakt var de bästa fiskeplatserna var och kände till vattnets hemligheter som om det vore hans andra hem. Han hade ärvt sin kunskap från sin far och farfar och hade fiskat på samma vatten i generationer.

En kylig morgon när dimman låg tät över havet, gick Anders ombord på Fiskmåsen. Han drog upp nät efter nät, hoppandes på en rik fångst som skulle försörja staden med färsk fisk. Men det var en särskild fisk han längtade efter att fånga - den legendariska silverlaxen som hade undgått honom i alla år.

Dagen gick, och solen bröt igenom dimman när Anders fortfarande kämpade för att fånga silverlaxen. Hans ögon var trötta och hans händer kalla, men han gav inte upp. Han hade hört berättelser om den glittrande fisken som var som en skatt för fiskare.

När dagen närmade sig sitt slut och Anders började tappa hoppet, hände det som han aldrig hade vågat drömma om. Hans lina ryckte till, och han kände att något stort hade fastnat. Med all sin kraft drog han upp linan och där, i det sista strålarna av dagsljus, glänste den - den legendariska silverlaxen.

Anders kunde knappt tro sina ögon. Han hade fångat drömfisken, den som hade undvikit honom i så många år. Han kände en ödmjuk glädje och tacksamhet gentemot havet som hade belönat hans tålamod och kärlek till fisket.

När Anders kom tillbaka till Limhamn med silverlaxen, var hela staden samlad vid kajen för att välkomna honom. De visste vad det betydde att fånga en sådan fisk, och de kände stolthet över sin egen fiskare.

Anders delade med sig av sin fångst till staden och firade tillsammans med sina grannar och vänner. Det blev en fest som skulle bli en del av stadens historia, och silverlaxen blev en symbol för envishet och passion.

Men det viktigaste för Anders var inte berömmelsen eller firandet. Det var känslan av att vara en del av havet och staden Malmö, att följa i sina förfäders fotspår och att vara en fiskare från hjärtat av Limhamn. För honom var det att leva sin dröm, att kasta sitt nät i det oändliga blåa havet och att vara en fiskare från Malmö.

The Fisherman

In the old neighborhood of Limhamn in Malmö, there lived a humble man named Anders. He was a fisherman who had loved the sea since he was a little boy. Every morning, before the sun rose, he would go to his boat, the Seagull, and sail out into the waters of the Öresund.

Anders was known in the city as the best fisherman around. He knew exactly where the best fishing spots were and was familiar with the secrets of the water as if it were his second home. He had inherited his knowledge from his father and grandfather and had been fishing these waters for generations.

One chilly morning, when the fog lay thick over the sea, Anders boarded the Seagull. He hauled up net after net, hoping for a bountiful catch that would provide the town with fresh fish. But there was one particular fish he longed to catch - the legendary silver salmon that had eluded him for all these years.

The day passed, and as the sun broke through the fog, Anders was still struggling to catch the silver salmon. His eyes were tired, and his hands were cold, but he didn't give up. He had heard stories about the sparkling fish that was like a treasure to fishermen.

As the day neared its end, and Anders began to lose hope, something happened that he had never dared to dream of. His line jerked, and he felt that something big had hooked onto it.

With all his strength, he pulled up the line, and there, in the last rays of daylight, it gleamed - the legendary silver salmon.

Anders could hardly believe his eyes. He had caught the dream fish, the one that had eluded him for so many years. He felt a humble joy and gratitude toward the sea that had rewarded his patience and love for fishing.

When Anders returned to Limhamn with the silver salmon, the entire town was gathered at the pier to welcome him. They knew what it meant to catch such a fish, and they felt pride in their own fisherman.

Anders shared his catch with the town and celebrated together with his neighbors and friends. It became a festival that would become part of the city's history, and the silver salmon became a symbol of perseverance and passion.

But the most important thing for Anders was not the fame or the celebration. It was the feeling of being a part of the sea and the city of Malmö, following in his ancestors' footsteps, and being a fisherman from the heart of Limhamn. For him, it was living his dream, casting his net into the boundless blue sea, and being a fisherman from Malmö.

En Kopp Kaffe i Solens Sken

I Göteborg, där livet rörde sig i en takt som inte var för snabb och inte för långsam, fanns en kafé som var känd för sitt kaffe och sina ovanliga kunder. Kaféet hette "Solstrålen", och det var ett ställe där människor kom för att dela sina historier och drömmar över en kopp starkt kaffe.

Kaféet ägdes av en kvinna vid namn Elsa, som hade ett hjärta fyllt av värme och öron som alltid var öppna för att lyssna. Hon visste att varje kopp kaffe kom med en berättelse, och det var hennes passion att lyssna till dem.

En solig morgon satt Elsa i sitt kafé, redo att välkomna dagens första gäst. Dörren öppnades, och in kom en äldre man med ett vänligt leende. Han beställde en kopp kaffe och började prata med Elsa om sina resor runt om i världen.

Mannen, som kallades Gustav, hade varit på äventyr i fjärran länder och hade upplevt saker som de flesta bara kunde drömma om. Han berättade om sina möten med olika kulturer och människor, om öknar som sträckte sig så långt ögat kunde nå och om nätter under stjärnorna som aldrig glömdes.

Elsa lyssnade fascinerat på Gustavs berättelser och insåg att även om man inte hade rest långt kunde man ändå uppleva äventyr i vardagen. Hon började dela med sig av sina egna berättelser om kaféet och de människor som hade passerat genom dess dörrar.

Medan kaffekopparna fylldes och tomma återvände till disken, fortsatte Gustav och Elsa att prata om livet och dess underverk. De skrattade och delade drömmar om framtiden och insåg att det var möten som detta som gjorde livet rikt.

När Gustav reste sig för att gå, tackade han Elsa för den underbara stunden och sa att han skulle återvända för att höra fler av hennes berättelser. Elsa visste att kaféet Solstrålen inte bara var en plats för att dricka kaffe utan också en plats där människor kunde mötas och dela sina hjärtan.

Så i Göteborg, där livet rörde sig i en takt som inte var för snabb och inte för långsam, fortsatte Solstrålen att vara en plats där kaffe, samtal och berättelser flödade fritt, och där solen alltid sken på de som sökte värme och gemenskap.

A Cup of Coffee in the Sun's Glow

In Gothenburg, where life moved at a pace that was neither too fast nor too slow, there was a café known for its coffee and its unusual patrons. The café was called "Sunbeam," and it was a place where people came to share their stories and dreams over a cup of strong coffee.

The café was owned by a woman named Elsa, who had a heart filled with warmth and ears that were always open to listen. She knew that every cup of coffee came with a story, and it was her passion to listen to them.

One sunny morning, Elsa sat in her café, ready to welcome the first guest of the day. The door swung open, and in walked an elderly man with a friendly smile. He ordered a cup of coffee and began talking to Elsa about his travels around the world.

The man, named Gustav, had been on adventures in distant lands and had experienced things that most could only dream of. He talked about his encounters with different cultures and people, about deserts stretching as far as the eye could see, and about nights under the stars that were never forgotten.

Elsa listened with fascination to Gustav's stories and realized that even if one hadn't traveled far, they could still experience adventures in everyday life. She began sharing her own stories about the café and the people who had passed through its doors.

As coffee cups were filled and empty ones returned to the counter, Gustav and Elsa continued to talk about life and its wonders. They laughed and shared dreams about the future, realizing that it was encounters like this that made life rich.

When Gustav got up to leave, he thanked Elsa for the wonderful moment and said he would return to hear more of her stories. Elsa knew that the café Sunbeam was not just a place to drink coffee but also a place where people could meet and share their hearts.

So, in Gothenburg, where life moved at a pace that was neither too fast nor too slow, Sunbeam continued to be a place where coffee, conversations, and stories flowed freely, and where the sun always shone on those seeking warmth and companionship.